Dieses Malbuch gehört:
. . . .

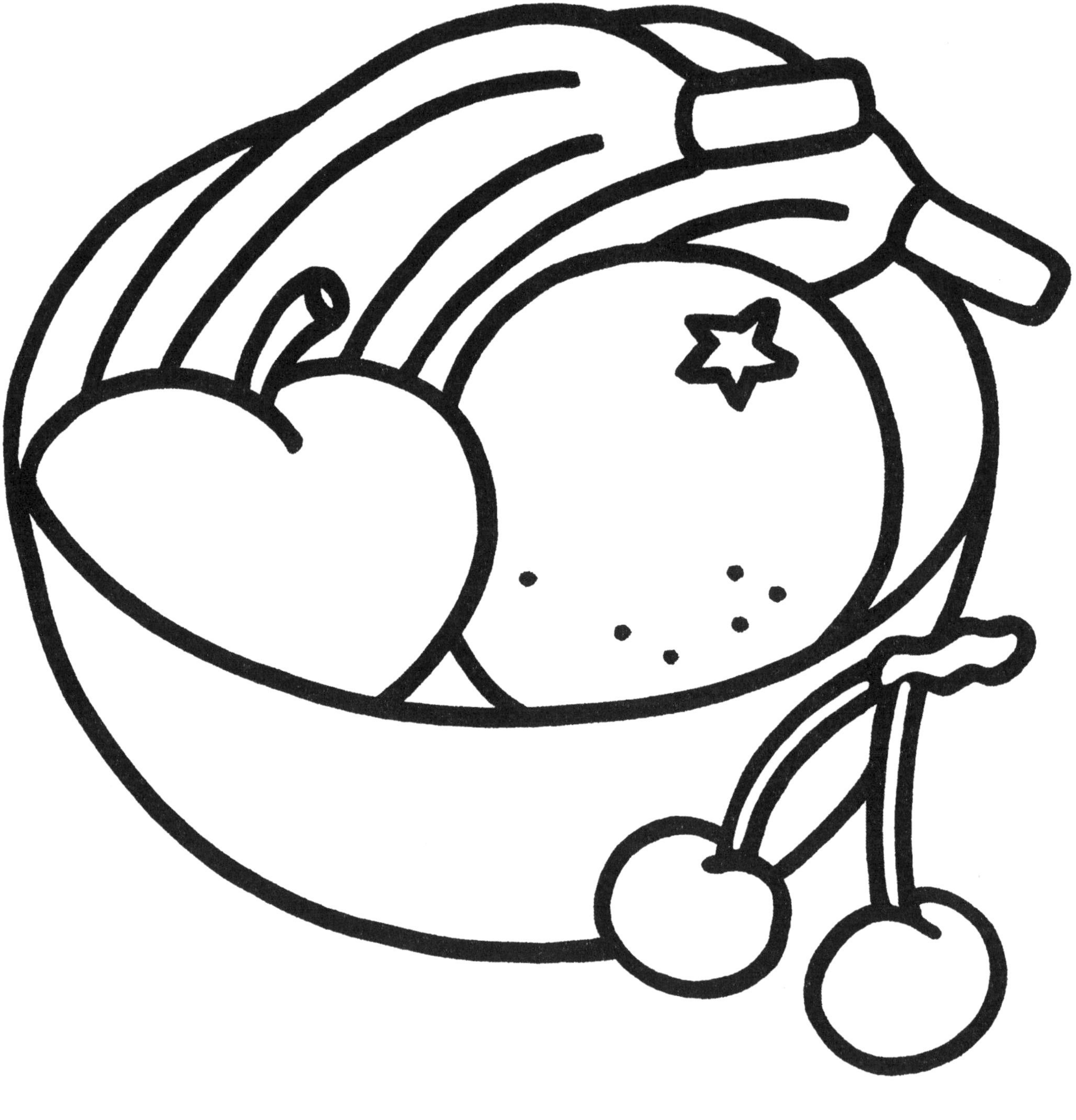

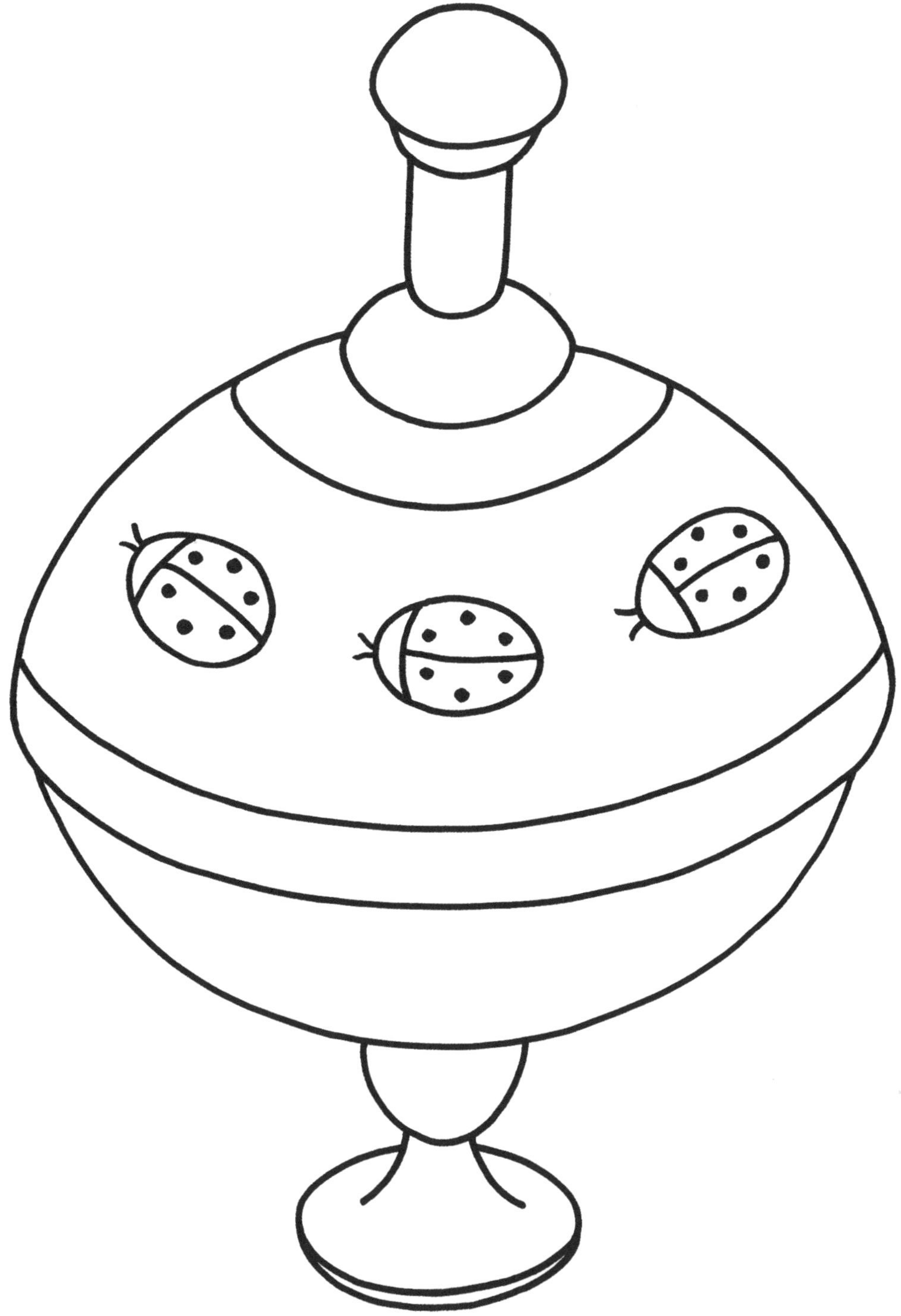

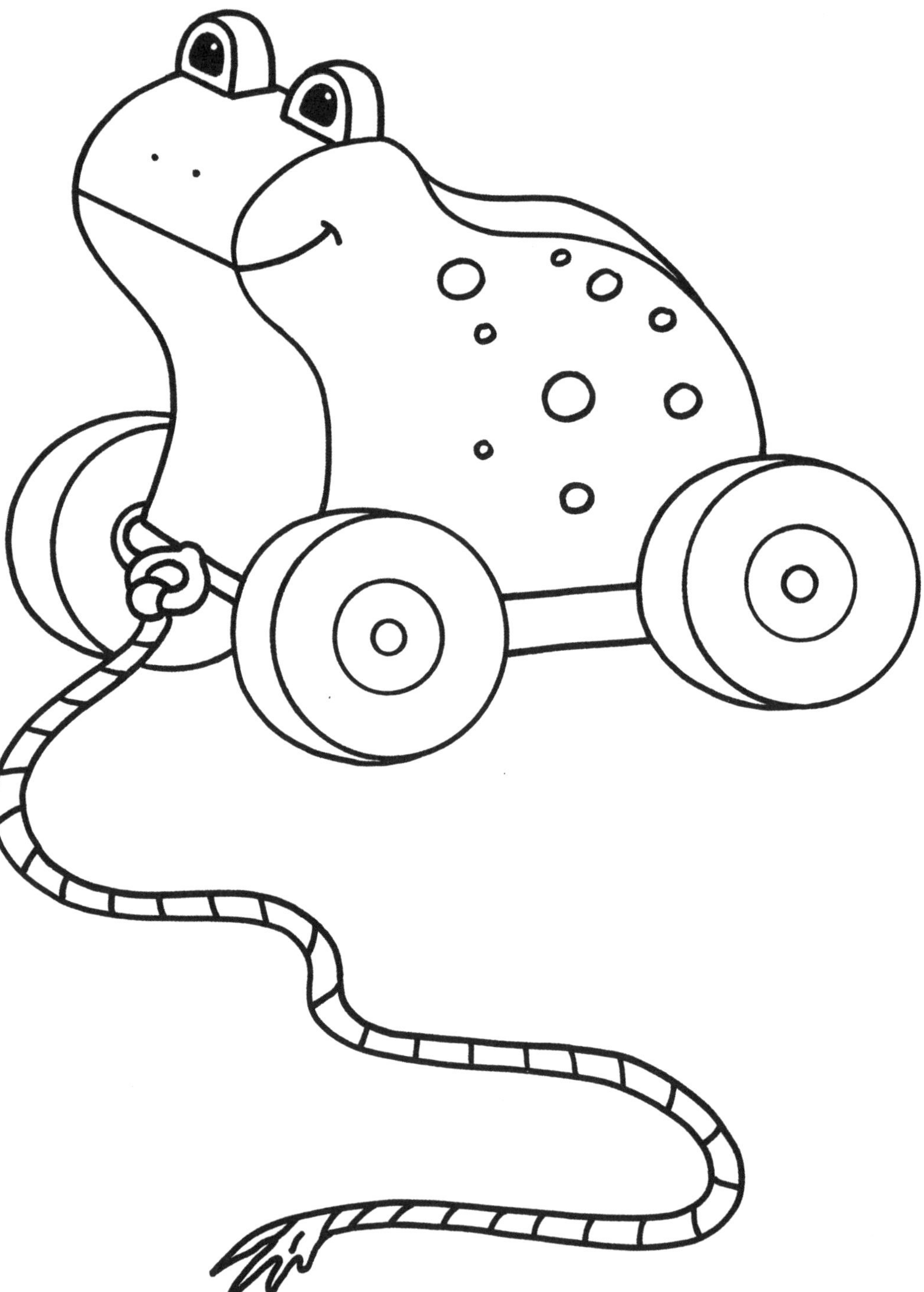

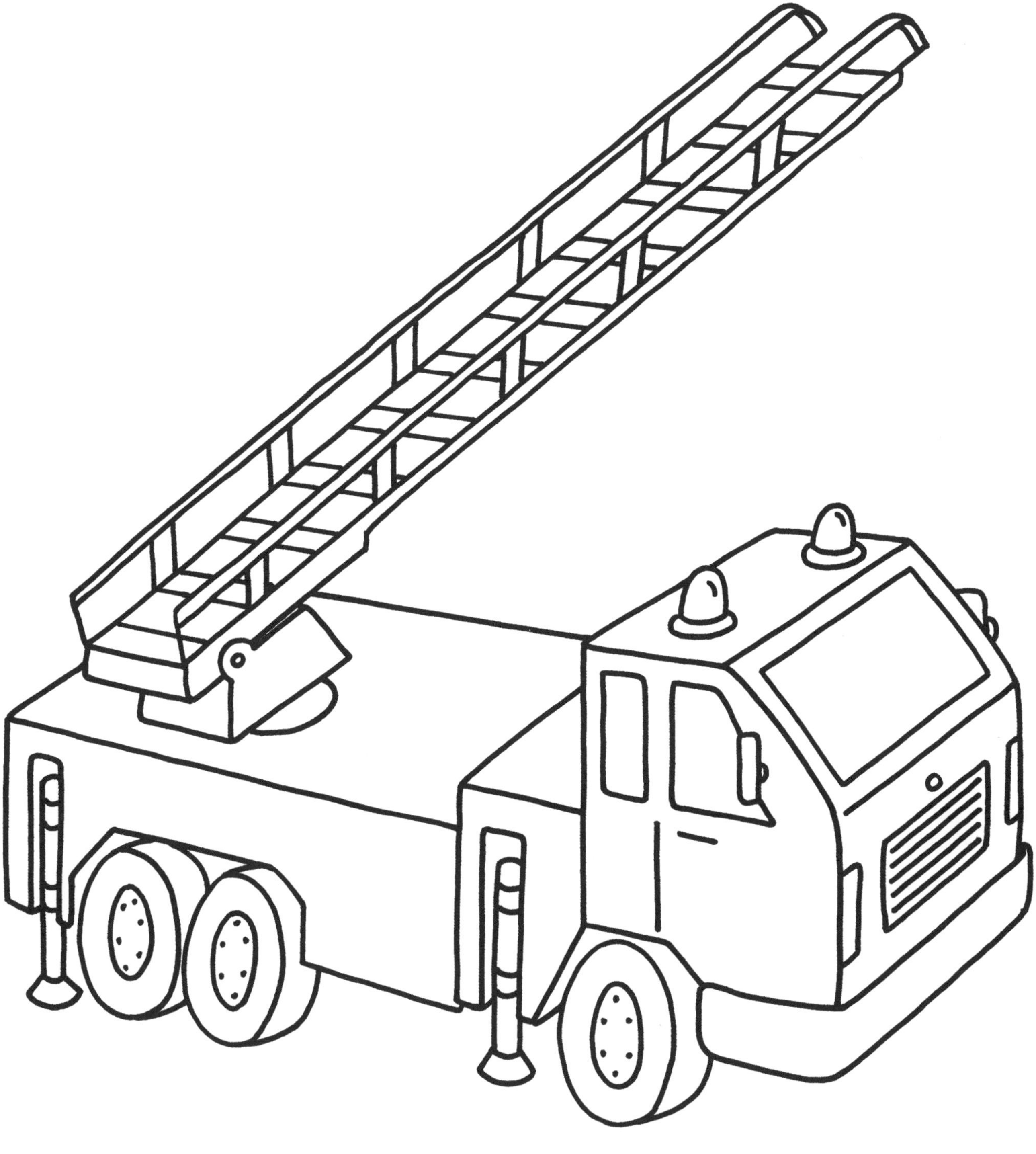

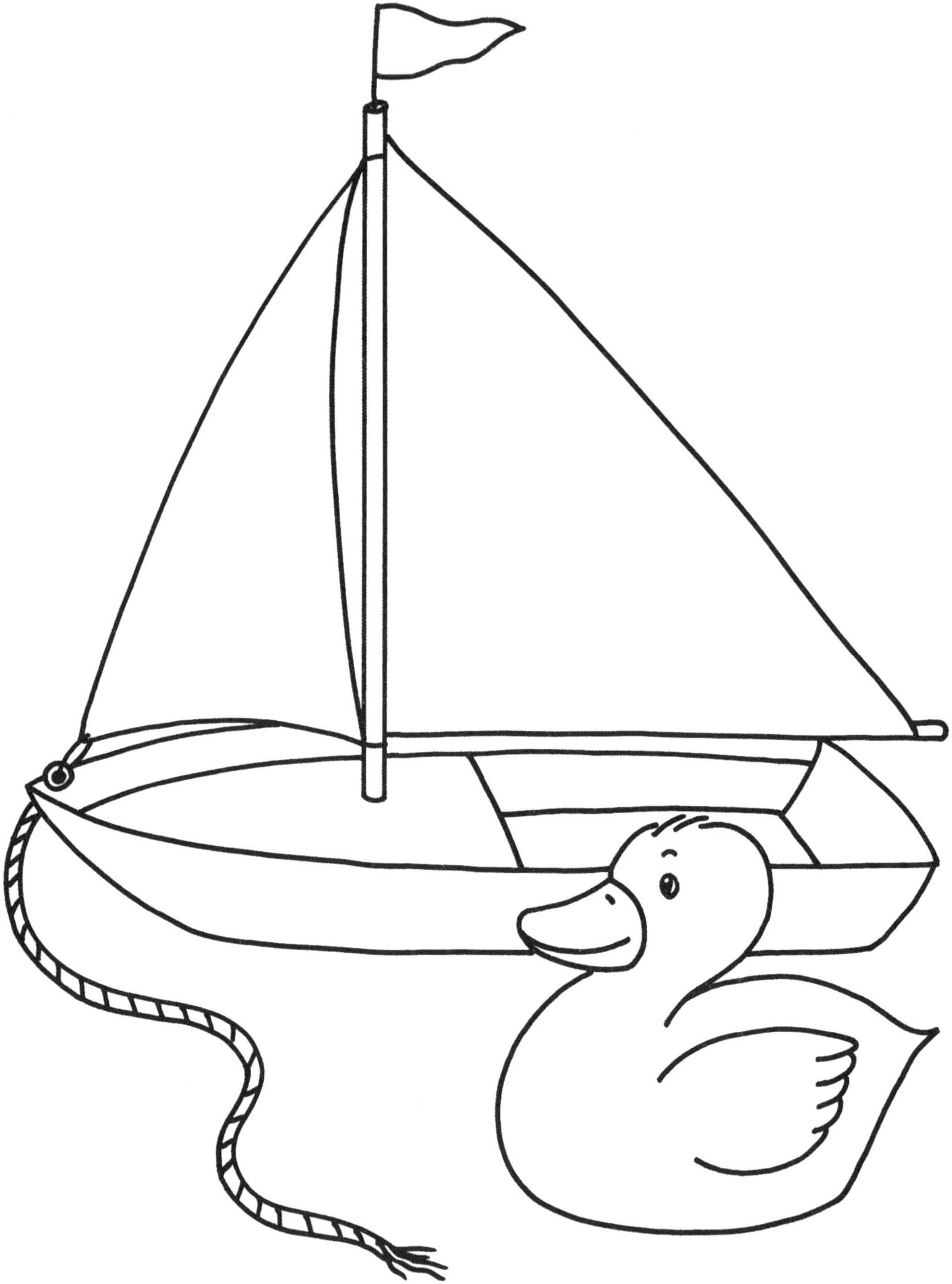

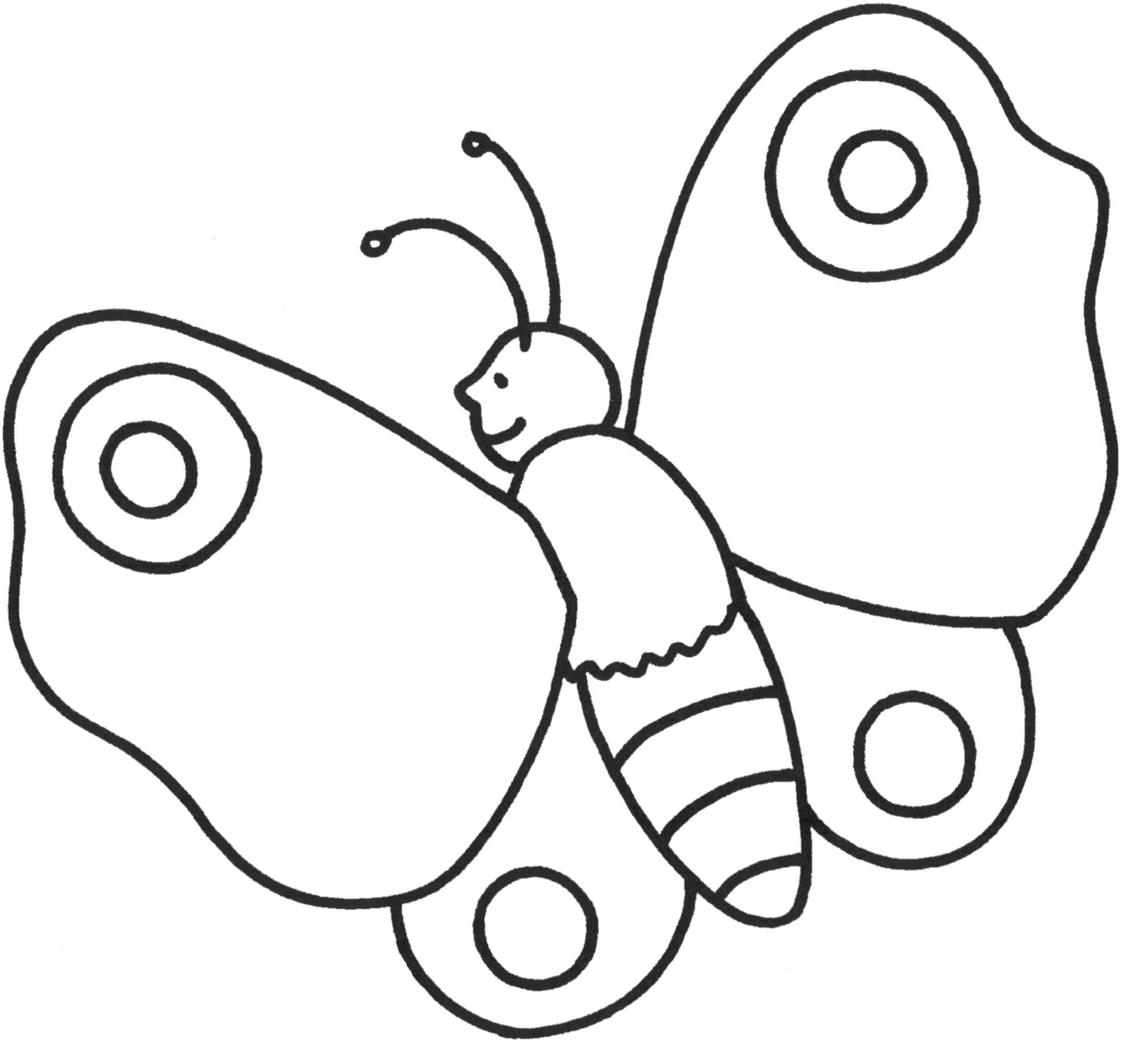